Învățăm Fructele

Această carte aparține lui:

_____

De Glorya Phillips

Struguri

Cireșe

Afine

Zmeură

Căpșună

Prună

Piersică

Caisă

Banană

Portocale

Clementine

Lămâie

Ananas

Kiwi

Pomelo

Măr

Pară

Pepene

Smochine

Curmale

Kaki

Jackfruit

Lychee

Rodie

**Vă mulțumim că ne-ați ales.
Sperăm că v-a plăcut cartea noastră.**

Feedback-ul dvs. este important pentru noi, vă rugăm să ne spuneți cum v-a plăcut cartea noastră la adresa:

 glorya.phillips@gmail.com

 www.facebook.com/glorya.phillips

 www.instagram.com/gloryaphillips

- © Copyright 2021 - Toate drepturile rezervate.
- Nu puteți reproduce, copia sau trimite conținutul acestei cărți fără
- permisiunea scrisă directă a autorului. Prin prezenta nu puteți, în ciuda vreunei circumstanțe învinovățesc editorul sau îl responsabilizează pe acesta pentru orice despăgubire, despăgubire sau confiscare monetară datorată
- Informațiile incluse aici, fie direct, fie indirect.
- Notificare legală: Această carte are protecția drepturilor de autor. Puteți folosi cartea pentru scop personal. Nu ar trebui să vindeți, să utilizați, să modificați, să distribuiți, să cotați, să luați extrase sau parafrazează parțial sau integral materialul conținut în această carte fără a obține mai întâi permisiunea autorului.
- Notificare de declinare a responsabilității: Trebuie să luați notă că informațiile din acest document este doar pentru lectură ocazională și divertisment.
- Am făcut toate eforturile pentru a oferi date exacte, actualizate și fiabile. Nu exprimăm sau implicăm garanții de niciun fel.
- Persoanele care citesc recunosc că scriitorul nu este ocupat să ofere legale, sfaturi financiare, medicale sau de altă natură. Am pus conținutul acestei cărți prin aprovizionare diverse locuri.
- Vă rugăm să consultați un profesionist autorizat înainte de a încerca orice tehnici arătate în această carte. Trecând prin acest document, iubitorul de carte ajunge la un acord că autorul nu este în niciun caz responsabil pentru niciunul confiscare, directă sau indirectă, pe care o pot suporta din cauza utilizării materialul conținut în acest document, inclusiv, dar fără a se limita la, - erori, omisiui sau inexactități.